NICO STANITZOK

SÜSSIGKEITEN ZUCKERFREI

FOTOGRAFIE: KATRIN WINNER, COCO LANG

INHALT

Öffnen Sie die Klappen dieses Buches.
Dort finden Sie die wichtigsten Infos zum Thema auf einen Blick!

DAS PRINZIP: SÜSSES OHNE ZUCKER

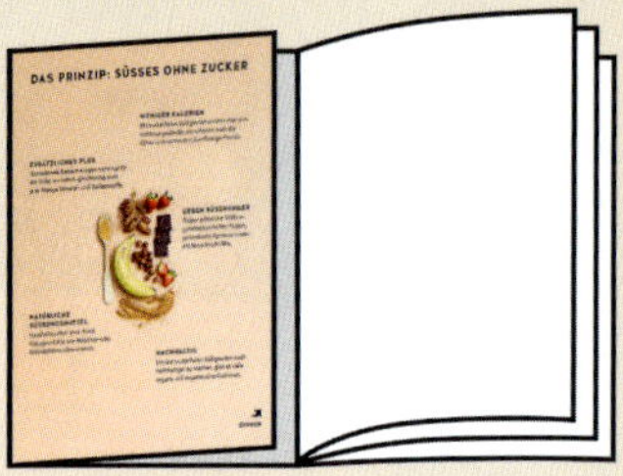

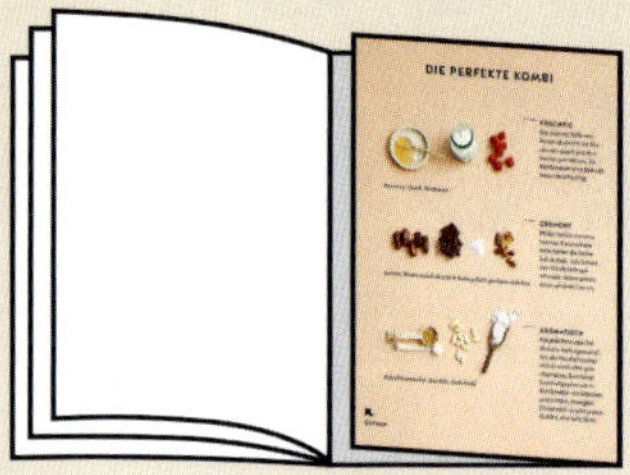

DIE PERFEKTE KOMBI

Immer griffbereit:

SO GEHT'S: DATTELMUS & DATTELSIRUP

Immer griffbereit:

SO GEHT'S: NUSSMUS & SCHOKOLADE

GU CLOU

Wussten Sie schon, dass ...? Entdecken Sie bei einigen ausgewählten Rezepten ganz besondere Tipps mit verblüffendem Insiderwissen. Aha-Momente garantiert!

Mit diesem Symbol sind alle veganen Gerichte gekennzeichnet.

Die Backzeiten können je nach Herd variieren. Unsere Temperaturangaben beziehen sich auf das Backen im Elektroherd mit Ober- und Unterhitze.

Sammeln Ihrer Lieblingsrezepte mit der »GU Kochen Plus«-App (siehe S. 64)

REZEPTKAPITEL

NICO STANITZOK

Wir alle wissen: Zucker in großen Mengen ist ungesund. Wir sind uns aber auch einig, dass dauerhaft auf Süßes zu verzichten, sehr schwer fällt. Glücklicherweise ist es ganz einfach, seine eigenen, gesünderen Süßigkeiten selber zu machen.

Warum lohnt es sich, Süssigkeiten selber zu machen?

Tatsächlich steht bei mir oft das »Selbermachen« als solches im Vordergrund, der Spaß und die Freude daran, etwas zuzubereiten und im Anschluss zu genießen. Und möchte man seinen Zuckerkonsum reduzieren, kann man gar nicht anders, als Süßigkeiten selber zu machen. Es sei denn, man verzichtet ganz darauf, aber wer möchte das schon?

Warum sind Alternativen wie Datteln oder Reissirup gesünder als raffinierter Zucker?

Raffinierter Zucker enthält keine Vitamine und Mineralstoffe, er besteht einfach zu 99 % aus süßen Kohlenhydraten. Verwendet man dagegen Datteln, kommen zu Vitaminen und Mineralstoffen, die sie enthalten, noch jede Menge darmgesunder Ballaststoffe hinzu.

Sind Rezepte mit Zuckeralternativen aufwendiger oder komplizierter?

Das kommt darauf an. Kokosblütenzucker kann man wie Haushaltszucker verwenden und die Rezepte dahingehend anpassen. Alternativen wie Dattelmus oder Reissirup fehlen die typischen Eigenschaften von Kristallzucker. Dann müssen andere Zutaten diese Funktion übernehmen.

Muss man beim Backen mit Zuckeralternativen auf etwas Besonderes achten?

Flüssiger Sirup oder das Mus aus Datteln und anderen Trockenfrüchten sind nicht unbegrenzt haltbar. Sirup daher kühl und dunkel lagern, Fruchtmus im Kühlschrank aufbewahren. Da kühler Sirup sehr zähflüssig ist, erwärme ich ihn mir immer im Wasserbad vor dem Abmessen, dann lässt er sich einfacher dosieren …

5-ZUTATEN-REZEPT SCHOKO COOKIES

100 g weiche Butter …

… und 125 g Kokosblütenzucker in ca. 3 Min. hellcremig aufschlagen.

1 Ei (M) ca. 1 Min. unterrühren.

175 g Dinkelmehl (Type 630) und 1 TL Backpulver mischen, dazugeben und alles mit einem Kochlöffel zu einem glatten Teig verrühren.

Zuletzt 100 g zuckerfreie Schokodrops unterrühren.

Den Teig ca. 1 Std. kühlen, dann daraus walnussgroße Kugeln formen. Diese mit Abstand zueinander auf zwei Blechen verteilen und nacheinander ca. 12 Min. bei 170° backen, bis die Kekse beginnen zu bräunen.

LIEBLINGSSÜSSIGKEITEN

Für ca. 40 Stück • 30 Min. Zubereitung • Pro Portion ca. 5 kcal, 0 g E, 0 g F, 1 g KH

GUMMIBÄRCHEN

UNKOMPLIZIERT

100 ml Fruchtsaft nach Wunsch
8 Blatt Gelatine
1 EL Zitronensaft
1 EL Reissirup

AUSSERDEM
Gummibärchenform aus Silikon
Speisestärke zum Ausstauben

PRAXIS-TIPP
Wer keine Gummibärchenform aus Silikon hat, kann die Masse in einen tiefen, mit Backpapier ausgelegten Teller gießen und fest werden lassen. Danach auf ein Schneidebrett stürzen und in beliebig große Rauten oder Quadrate schneiden.

1 Die Silikonform mit Stärke ausstauben, anschließend gut abklopfen, um überschüssige Stärke zu entfernen.

2 Den Fruchtsaft Ihrer Wahl in einen kleinen Topf geben und die Gelatine darin ca. 10 Min. einweichen.

3 Den Zitronensaft und Reissirup zu der eingeweichten Gelatine in den Topf geben und alles bei kleiner Hitze unter Rühren erwärmen, bis die Gelatine geschmolzen ist.

4 Die Fruchtsaftmasse etwas abkühlen lassen, dann mithilfe einer Pipette in die Vertiefungen der Form füllen. Die Form mindestens 4 Std. in den Kühlschrank stellen.

5 Wenn die Masse etwas fester geworden ist, die Oberfläche der Gunmmibärchen mit etwas Stärke bestauben. Die Bärchen erneut kühl stellen und vollständig fest werden lassen.

6 Die Gummibärchen aus der Form lösen und entweder sofort vernaschen oder in ein sauberes Schraubglas füllen. Luftdicht und gekühlt aufbewahrt sind sie ca. 1 Woche haltbar.

Für ca. 40 Stück • 30 Min. Zubereitung • 12 Std. Trocknen • Pro Portion ca. 5 kcal, 0 g E, 0 g F, 1 g KH

BANANE-ERDBEER-FRUCHTLEDER-SCHNECKEN

GENUSS PUR

2 Bananen
250 g Erdbeeren

AUSSERDEM
Spritzbeutel mit großer Lochtülle (nach Belieben)

1 Ein Backblech mit Backpapier auslegen. Die Bananen schälen, etwas klein schneiden und 300 g davon abwiegen. Die Erdbeeren waschen, trocken tupfen, vom Stielansatz befreien und vierteln. Von den Erdbeervierteln 200 g abwiegen.

2 Bananenstücke und Erdbeerviertel separat in einen hohen Rührbecher oder den Mixbehälter geben und mit dem Pürierstab oder im Mixer fein pürieren. Anschließend im Wechsel Streifen von Erdbeer- und Bananenpüree nebeneinander und jeweils 2–3 mm hoch auf das vorbereitete Backblech aufstreichen oder mithilfe des Spritzbeutels aufspritzen.

3 Das Blech in den Backofen (Mitte) schieben und die Fruchtpürees 8–12 Std. bei 50° sanft trocknen lassen, bis sie eine lederartige Konsistenz haben. Dabei die Backofentür mit dem Stiel eines Holzkochlöffels einen Spalt weit offen halten, damit die Feuchtigkeit aus dem Backraum entweichen kann.

4 Anschließend das Blech aus dem Ofen nehmen und die Fruchtmusplatte komplett auskühlen lassen, dann in ca. 1 cm breite Streifen schneiden und diese schneckenförmig aufrollen. In einem sauberen Schraubglas luftdicht aufbewahrt sind die Fruchtlederschnecken mindestens 3 Monate haltbar.

Für 15 Stück • 25 Min. Zubereitung • 3 Std. Kühlen • Pro Portion ca. 55 kcal, 1 g E, 4 g F, 2 g KH

SCHOKO-KARAMELL-HALBKUGELN

BELIEBTER KLASSIKER

2 Blatt Gelatine
40 g Kokosmilch
20 g Kokosöl
15 g Kokosblütenzucker
1 Msp. gemahlene Vanille
40 g Cashew-Mus
15 Stück Haselnusskerne
20 g Bitterschokolade (100 % Kakaogehalt; ersatzweise Schokolade mit Kokosblütenzucker)

AUSSERDEM

15er-Halbkugelbackform aus Silikon

1 Die Gelatine in reichlich kaltem Wasser einweichen. Kokosmilch, Kokosöl, Kokosblütenzucker und Vanille in eine hitzefeste Schüssel geben und über einem heißen Wasserbad zu einer glatten Masse verrühren, bis das Kokosöl vollständig geschmolzen ist.

2 Die eingeweichte Gelatine ausdrücken und in der Kokos-Masse auflösen. Anschließend die Schüssel vom Wasserbad nehmen und das Cashew-Mus einrühren. Die Masse gleichmäßig auf die Vertiefungen der Silikonform verteilen und mittig jeweils einen Haselnusskern hineindrücken. Die Form ca. 1 Std. in den Kühlschrank stellen.

3 Inzwischen die Schokolade grob hacken und in einer hitzefesten Schüssel über einem heißen Wasserbad schmelzen. Die Form aus dem Kühlschrank nehmen und in die Mitte der Halbkugeln je einen Teelöffel Schokolade geben, dann weitere 2 Std. kühlen. Danach die Halbkugeln aus der Form lösen und bis zum Verzehr kühl lagern.

Für ca. 14 Stück • 35 Min. Zubereitung • 45 Min. Kühlen • Pro Portion ca. 160 kcal, 3 g E, 14 g F, 5 g KH

SCHOKOKUGELN MIT HASELNUSSKERN

NUSSIG-KNUSPRIG

110 g Haselnusskerne
60 g Haselnussmus
40 g Reissirup (ersatzweise Dattelsirup)
2 EL Kakaopulver
1 EL Kokosöl
½ TL gemahlene Vanille
Salz
75 g Bitterschokolade (100 % Kakaogehalt; ersatzweise Schokolade mit Kokosblütenzucker)
3 EL gehackte Haselnusskerne

1 Einen flachen Teller mit einem Stück Backpapier belegen. Von den Haselnusskernen 14 Stück beiseitelegen, die übrigen im Mixer mittelfein hacken. Haselnussmus, Reissirup, Kakaopulver, 1 EL Kokosöl, gemahlene Vanille und 1 Prise Salz dazugeben und alles gut durchmixen, bis eine gebundene Masse entstanden ist.

2 Aus der Schokomasse 14 gleich große Kugeln formen. In die Mitte je eine Haselnuss drücken und mit der Masse umschließen. Die Kugeln auf den Teller legen und ca. 30 Min. kühlen. Inzwischen die Schokolade hacken und in einer hitzefesten Schüssel über einem heißen Wasserbad schmelzen. Gehackte Nüsse unterrühren.

3 Schokokugeln in die flüssige Schokolade geben und behutsam darin wenden, bis sie vollständig mit Kuvertüre überzogen sind. Dann mithilfe einer Gabel herausnehmen und wieder auf den Teller legen. Im Kühlschrank in ca. 15 Min. fest werden lassen.

Für ca. 8 Stück • 40 Min. Zubereitung • 6 Std. Quellen • 20 Min. Backen • 30 Min. Kühlen • Pro Portion ca. 240 kcal, 4 g E, 17 g F, 18 g KH

HASELNUSSTAFELN

GUTE-LAUNE-MACHER

WAFFELTEIG

45 g Butter
50 g Kokosblütenzucker
1 Eiweiß (M)
¼ TL gemahlene Vanille
90 g Dinkelmehl (Type 630)

FÜLLUNG

100 g Haselnussmus
25 g Datteln (entsteint)
10 g Kakaopulver
5 g Kokosöl
Salz
40 g gehackte Haselnusskerne

WAFFELTEIG Die Butter in einem Topf schmelzen, dann mit dem Zucker, Eiweiß und der Vanille in eine Schüssel geben und glatt verrühren. Das Mehl im Wechsel mit 60 ml Wasser untermischen. Den Teig abgedeckt bei Raumtemperatur ca. 6 Std. quellen lassen oder über Nacht im Kühlschrank.

Backofen auf 160° vorheizen. Ein Backblech mit Backpapier auslegen. Den Waffelteig darauf zu einem 25 × 25 cm großen Viereck verstreichen und im Ofen (Mitte) ca. 15 Min. backen.

Das Blech herausnehmen und die Teigplatte mittels Backpapier auf ein Schneidebrett ziehen. Sofort in 16 ca. 6 × 6 cm große Quadrate schneiden. Diese mit dem Backpapier wieder auf das Backblech ziehen und in weiteren ca. 5 Min. knusprig backen. Herausnehmen und auf einem Gitter abkühlen lassen.

FÜLLUNG Haselnussmus, Datteln, Kakao, Kokosöl und 1 Prise Salz in den Mixbehälter geben und im Mixer zu einer feinen Masse pürieren. Die Haselnüsse unterheben. Die Masse gleichmäßig auf acht Waffeln verteilen. Jeweils eine weitere Waffel darauflegen und andrücken, bis die Masse den Rand erreicht. Mit einem Messer die Schokomasse begradigen.

Haselnusstafeln in eine luftdicht verschließbare Dose geben und 30 Min. kühlen, bis die Schokomasse fest geworden ist. Gekühlt sind die Haselnusstafeln ca. 1 Woche haltbar.

Für ca. 36 Stück • 35 Min. Zubereitung • 2 Std. 30 Min. Kühlen • Pro Portion ca. 110 kcal, 2 g E, 10 g F, 3 g KH

HASELNUSSPRALINE

MIT NUSS-KNUSPER

200 g gemahlene Haselnusskerne
30 g Kokosblütenzucker
1 TL Kakaopulver
¼ TL gemahlene Vanille
200 g Crème fraîche
4 EL Haselnussmus
3 EL Mandelmus
150 g gehackte Haselnusskerne

AUSSERDEM

Pralinenförmchen

1 Gemahlene Haselnusskerne, Kokosblütenzucker, Kakaopulver und gemahlene Vanille in einer Rührschüssel vermischen.

2 Crème fraîche, Haselnuss- und Mandelmus hinzufügen und mit den trockenen Zutaten zu einer glatten Masse verrühren. Die Nuss-Schoko-Masse abgedeckt ca. 2 Std. in den Kühlschrank stellen.

3 Von der gekühlten Nuss-Schoko-Masse jeweils eine teelöffelgroße Menge abnehmen und von Hand zu Kugeln formen. Diese in den gehackten Haselnüssen wälzen, dann erneut ca. 30 Min. kühlen.

4 Die Haselnusspralinen in eine luftdicht schließende Dose geben, gekühlt aufbewahren und innerhalb von 3 Tagen verzehren.

Für 12 Stück • 30 Min. Zubereitung • 30 Min. Einweichen • 20 Min. Backen • Pro Portion ca. 320 kcal, 8 g E, 20 g F, 25 g KH

NUSSRIEGEL

BRAIN-FOOD

3 EL Chia-Samen
250 g gemischte Nusskerne
175 g Datteln (entsteint)
130 g kernige Haferflocken
50 g Sesam
4 EL Reissirup
50 g Kokosöl
3 EL Kakaopulver
1 TL Zimtpulver
Salz

1 Den Backofen auf 140° (Umluft) vorheizen. Ein Backblech mit Backpapier auslegen. Die Chia-Samen in eine Schüssel geben und ca. 30 Min. in 100 ml Wasser einweichen. In der Zwischenzeit die Nusskerne mittelfein hacken. Die Datteln in kleine Stücke schneiden. Die gehackten Nüsse mit Haferflocken und Sesam mischen.

2 Reissirup und Kokosöl in einem Topf bei kleiner Hitze erwärmen. Kakao, Datteln, Zimt und 1 Prise Salz dazugeben und unterrühren. Anschließend die Nussmischung und die eingeweichten Chia-Samen hinzufügen und alles gründlich miteinander verkneten.

3 Die Masse auf dem Backblech zu einem ca. 20 × 20 cm großen und 2 cm hohen Rechteck formen. Mit den Händen gut festdrücken und im Ofen (Mitte) ca. 20 Min backen. Auf dem Blech abkühlen lassen, danach in zwölf Riegel schneiden und in eine luftdicht schließende Box geben. Gekühlt aufbewahrt ca. 1 Woche haltbar.

Für 12 Stück • 30 Min. Zubereitung • 20 Min. Einweichen • 3 Std. Kühlen • Pro Portion ca. 305 kcal, 9 g E, 22 g F, 14 g KH

SCHOKORIEGEL MIT ERDNÜSSEN

UNSCHLAGBARE KOMBI

10 Datteln (entsteint)
3 Blatt Gelatine
100 g Mandeln
100 g Haferflocken
100 ml Mandeldrink (ungesüßt)
50 g Dattelpaste
25 g Kokosöl
100 g Erdnusskerne (geröstet und gesalzen)
3 EL Erdnussbutter (ungesüßt)
¼ TL gemahlene Vanille
80 ml Mandeldrink (ungesüßt)
200 g Bitterschokolade (100 % Kakaogehalt; ersatzweise Schokolade mit Kokosblütenzucker)

AUSSERDEM
eckige Form (ca. 15 × 20 cm)

1 Die Form mit Backpapier auskleiden. Die Datteln 20 Min. in heißem Wasser einweichen, Gelatine in reichlich kaltem Wasser quellen lassen. Die Mandeln und Haferflocken im Mixer fein mahlen, dann mit dem Mandeldrink, der Dattelpaste und dem Kokosöl zu einer glatten Masse mixen. Diese in der Form zu einem ca. 1 cm hohen Boden andrücken. Etwa 30 Min. kühlen.

2 80 g Erdnusskerne fein mahlen, den Rest grob hacken. Die eingeweichten Datteln durch ein Sieb abgießen und abtropfen lassen. Mit der Erdnussbutter und der Vanille in einen hohen Rührbecher geben und mit dem Pürierstab fein pürieren.

3 Den Mandeldrink in einem Topf erwärmen, bis er dampft, dann den Topf vom Herd ziehen. Gelatine ausdrücken und in den heißen Drink einrühren. Dattelpüree, Mandeldrink, gemahlene und gehackte Erdnüsse vermischen. Die Masse gleichmäßig auf dem Boden verstreichen und ca. 2 Std. kühl stellen.

4 Schokolade hacken und in einer hitzefesten Schüssel über einem heißen Wasserbad schmelzen. Die gekühlte Masse mit dem Backpapier aus der Form heben und auf einem Schneidebrett in zwölf gleich große Riegel schneiden. Diese in die geschmolzene Schokolade tauchen, zurück auf das Backpapier legen und ca. 30 Min. kühlen, bis die Schokolade fest ist. In einer luftdicht schließenden Dose ca. 1 Woche gekühlt haltbar.

Für 10 Stück • 35 Min. Zubereitung • 1 Std. 10 Min. Kühlen • Pro Portion ca. 205 kcal, 3 g E, 18 g F, 6 g KH

ERDBEERRIEGEL MIT SCHOKOLADE

FRUCHTIG-FRISCHER SCHOKOGENUSS

200 g Bitterschokolade (100 % Kakaogehalt; ersatzweise Schokolade mit Kokosblütenzucker)
5 TL Kokosöl
50 g weiße Schokolade
2 EL Kakaobutter
50 g Joghurt
2 EL gemahlene gehäutete Mandeln
2 TL Erdbeerkonfitüre ohne Zucker
10 g gefriergetrocknete Erdbeerstücke

AUSSERDEM

10er-Schokoriegelform

1 Die dunkle Schokolade grob hacken und zusammen mit dem Kokosöl in einer hitzefesten Schüssel über einem heißen Wasserbad schmelzen. Dann zügig in die Vertiefungen der Form füllen. Die Form umdrehen und den Schoko-Kokosöl-Mix in die Schüssel zurück abtropfen lassen. Die Vertiefungen der Form sollten anschließend mit einer dünnen Schicht Schokolade ausgekleidet sein. Die Form ca. 30 Min. kühl stellen.

2 Die weiße Schokolade hacken und mit der Kakaobutter in einer hitzefesten Schüssel über dem heißen Wasserbad schmelzen. Den Joghurt nach und nach zugeben und alles zu einer glatten Masse verrühren. Die Schüssel vom Wasserbad nehmen. Mandeln und Konfitüre einrühren. Erdbeerstücke grob hacken und unter den Joghurt-Schoko-Mix heben.

3 Sobald die Schokolade in der Form fest ist, die Vertiefungen zu drei Vierteln mit der Joghurtmasse befüllen und diese in ca. 30 Min. im Kühlschrank fest werden lassen.

4 Anschließend die in die Schüssel abgetropfte Schokolade erneut über dem heißen Wasserbad schmelzen, je 1 TL davon in die Vertiefungen der Form geben und geschlossen auf der Oberfläche verstreichen. Weitere 10 Min. kühl stellen, dann die Riegel aus der Form lösen. In einer luftdicht schließenden Box und gekühlt aufbewahrt sind sie ca. 1 Woche haltbar.

Für 15 Stück • 15 Min. Zubereitung • 30 Min. Einweichen • 30 Min. Quellen • 30 Min. Kühlen • Pro Portion ca. 115 kcal, 2 g E, 4 g F, 16 g KH

MARACUJA-ENERGIEBÄLLCHEN

EXOTISCH-FRUCHTIG

200 g Datteln (entsteint)
50 g Cashewkerne
6 Passionsfrüchte
100 g kernige Haferflocken
50 g Kokosraspel
10 g Chia-Samen

1 Die Datteln und Cashews in einer Schüssel ca. 30 Min. in heißem Wasser einweichen. Die Passionsfrüchte halbieren und die Pulpe mit einem scharfen Löffel auskratzen. 100 g davon abwiegen. Eingeweichte Datteln und Cashews in ein Sieb abgießen und abtropfen lassen, dann zusammen mit der Passionsfrucht-Pulpe fein pürieren.

2 Den Frucht-Nuss-Mix in eine Schüssel umfüllen. Haferflocken, 25 g Kokosraspel und Chia-Samen hinzufügen, alles gründlich miteinander verkneten und abgedeckt ca. 30 Min. quellen lassen.

3 Von der Masse 15 esslöffelgroße Portionen abnehmen, zu Kugeln formen und diese in den restlichen Kokosraspeln wälzen. Die Kugeln auf einen Teller legen, abdecken und mindestens 30 Min. kühlen. Im Kühlschrank aufbewahrt sind die Energiebällchen ca. 3 Tage haltbar.

Für ca. 16 Stück • 35 Min. Zubereitung • 30 Min. Kühlen • Pro Portion ca. 140 kcal, 1 g E, 13 g F, 5 g KH

KOKOSBÄLLCHEN

SOMMERLICH LEICHT

330 g Kokosraspel (ersatzweise 160 g Kokosnussmus, Fertigprodukt)
80 g Reissirup (ersatzweise Dattelsirup)
16 gehäutete Mandeln

AUSSERDEM
Pralinenförmchen

1 200 g Kokosraspel in einen Hochleistungsmixer geben und fein mahlen. Weiter bei mittlerer Stufe mixen, bis das Kokosöl austritt. Dabei immer wieder kurz pausieren, damit Mixer und Masse nicht überhitzen. In den Pausen die Kokosmasse mit einem Spatel nach unten in Reichweite der Messer schieben. Sobald die Masse cremig wird, diese auf höchster Stufe in ca. 10 Min fein pürieren.

2 160 g Kokosnussmus abwiegen, mit 85 g Kokosraspeln und dem Reissirup verrühren und abgedeckt im Kühlschrank in ca. 30 Min. fest werden lassen. Restliches Mus anderweitig verwenden.

3 Aus der Masse 16 gleich große Kugeln formen, in diese je eine Mandel drücken und mit der Masse umschließen. Die Bällchen in den restlichen Kokosraspeln wälzen und in eine luftdicht schließende Box geben. Gekühlt aufbewahrt sind sie ca. 1 Woche haltbar.

Für 20 Stück • 35 Min. Zubereitung • 2 Std. 30 Min. Kühlen • Pro Portion ca. 150 kcal, 2 g E, 14 g F, 3 g KH

KOKOSRIEGEL

EVERGREEN

1 Dose Kokosmilch (400 g)
2 EL Kokosblütenzucker
2 TL Johannisbrotkernmehl
50 g Kokosöl
200 g Kokosraspel
200 g Bitterschokolade (100 % Kakaogehalt; ersatzweise Schokolade mit Kokosblütenzucker)

1 Die Kokosmilch mindestens 2 Std. in den Kühlschrank stellen. Anschließend die Dose öffnen, den cremigen Teil der Milch mit einem Löffel abschöpfen und 200 g davon abwiegen. Kokosblütenzucker und Johannisbrotkernmehl in einer Schale vermischen.

2 Vorbereitete Zutaten und Kokosöl in eine Schüssel geben und mit dem Pürierstab durchmixen. Kokosraspel hinzufügen und von Hand unterkneten. Zwei Teller mit Backpapier belegen. Die Masse zu einer langen Rolle formen, in 20 Portionen teilen und diese zu ca. 6 cm langen Riegeln formen. Auf die Teller geben und ca. 30 Min. kühlen.

3 Die Schokolade hacken. In einer hitzefesten Schüssel über einem heißen Wasserbad schmelzen. Die Riegel mittels Gabel in die Schokolade tauchen, zurück auf den Teller legen und den Schokoüberzug im Kühlschrank in 2 Std. fest werden lassen. In einer luftdicht schließenden Dose sind die Riegel ca. 1 Woche gekühlt haltbar.

Für 40 Stück • 25 Min. Zubereitung • 20 Min. Backen • Pro Portion ca. 55 kcal, 1 g E, 3 g F, 5 g KH

HEIDESAND

ZUM ESPRESSO

150 g zimmerwarme Butter
80 g Kokosblütenzucker
200 g Mehl
¼ TL gemahlene Vanille
Salz

1 Den Backofen auf 150° vorheizen. Ein Backblech mit Backpapier auslegen. Butter und 50 g Kokosblütenzucker mit den Rührbesen des Handrührgeräts cremig aufschlagen. Mehl, Vanille und 1 Prise Salz rasch untermischen, bis kleine Teigstreusel entstehen.

2 Die Teigstreusel mit den Händen zügig zu insgesamt 40 Kugeln mit ca. 2 cm Durchmesser formen, mit etwas Abstand zueinander auf das vorbereitete Blech setzen und leicht flach drücken.

3 Teiglinge im Ofen (Mitte) in ca. 20 Min. goldgelb backen. Danach herausnehmen und noch heiß im restlichen Kokosblütenzucker wenden. Die abgekühlten Plätzchen in eine luftdicht schließende Box geben. Im Kühlschrank aufbewahrt sind sie ca. 1 Woche haltbar.

Für 14 Stück • 35 Min. Zubereitung • 1 Std. Kühlen • 15 Min. Backen • Pro Portion ca. 190 kcal, 3 g E, 12 g F, 17 g KH

DOPPELKEKS MIT VANILLECREME

KLASSIKER NEU INTERPRETIERT

KEKSTEIG

110 g zimmerwarme Butter
100 g Kokosblütenzucker
Salz
1 Ei (M)
125 g Dinkelmehl (Type 630)
75 g Kakaopulver
½ TL Backpulver

FÜLLUNG

80 ml Milch
8 g Speisestärke
5 g Kokosblütenzucker
¼ TL gemahlene Vanille
50 g zimmerwarme Butter

AUSSERDEM

Spritzbeutel mit Lochtülle (6 mm ∅)
Mehl zum Arbeiten
runde Ausstechform (5 cm ∅)

KEKSTEIG Die Butter, den Kokosblütenzucker und 1 TL Salz in einer Schüssel hellcremig aufschlagen. Das Ei unterrühren. Mehl, Kakao und Backpulver mischen, dann mit der Buttermasse zu einem glatten Teig verkneten. Ca. 1 Std. kühlen.

FÜLLUNG Milch, Stärke, Kokosblütenzucker und Vanille in einem kleinen Topf bei mittlerer Hitze unter Rühren aufkochen und ca. 30 Sek. kochen lassen. Dann sofort in eine Vorratsbox umfüllen, diese fest verschließen und den Pudding bei Raumtemperatur abkühlen lassen. Anschließend die Butter in ca. 2 Min. cremig aufschlagen. Den Pudding esslöffelweise unterrühren. Die Vanillecreme in den Spritzbeutel füllen.

DOPPELKEKSE Den Backofen auf 160° vorheizen. Zwei Backbleche mit Backpapier auslegen. Den Teig auf der leicht bemehlten Arbeitsfläche ca. 5 mm dick ausrollen, 28 Kreise ausstechen, diese auf die vorbereiteten Bleche geben und portionsweise im heißen Ofen (Mitte) ca. 15 Min. backen. Danach herausnehmen und auf einem Gitter abkühlen lassen.

Auf 14 Kekse mittig die Vanillecreme aufspritzen, dann jeweils einen weiteren Keks auflegen und vorsichtig andrücken, bis die Füllung den Rand erreicht. Die fertigen Doppelkekse in eine luftdicht schließende Blechdose geben und im Kühlschrank aufbewahren. So sind sie ca. 1 Woche haltbar.

EINFACHE KUCHEN & KLEINE TEILCHEN

*Für 7 Stück • 45 Min. Zubereitung • 10 Min. Backen • 2 Std. Kühlen •
Pro Portion ca. 485 kcal, 12 g E, 25 g F, 53 g KH*

SCHOKOSANDWICH MIT MILCHCREME

HOMEMADE

BISKUIT

180 ml Milch
80 g Butter
¼ TL gemahlene Vanille
Salz
220 g Mehl
6 EL Kakaopulver
1 TL Backpulver
150 g Kokosblütenzucker
1 Ei (M)

CREME

150 g Sahne
150 g Frischkäse (Doppelrahmstufe)
50 g Reissirup (ersatzweise Dattelsirup)
¼ TL gemahlene Vanille
1 Beutel Gelatine fix (15 g)

BISKUIT Den Ofen auf 180° vorheizen. Ein Backblech mit Backpapier auslegen. Milch, Butter, Vanille und 1 Prise Salz in einen Topf geben und erwärmen, bis die Butter geschmolzen ist. Vom Herd ziehen und lauwarm abkühlen lassen.

Mehl, Kakao, Backpulver und Kokosblütenzucker in einer Schüssel vermischen. Den Milchmix und das Ei dazugeben und sämtliche Zutaten mit einem Schneebesen glatt verrühren. Den Teig auf das Backblech gießen und gleichmäßig verstreichen. Im Ofen (Mitte) ca. 10 Min. backen. Herausnehmen, behutsam auf ein Kuchengitter stürzen und abkühlen lassen.

Danach das Backpapier abziehen. Den Biskuit rechteckig (31,5 × 24 cm) zuschneiden, dann längs halbieren und eine Hälfte in sieben 4,5 × 12 cm große Stücke teilen.

CREME Die Sahne in einen hohen Rührbecher geben und mit den Rührbesen des Handrührgerätes steif schlagen. Den Frischkäse, den Reissirup und die gemahlene Vanille in einer weiteren Schüssel glatt verrühren, dabei die Gelatine einrieseln lassen und unterrühren. Zuletzt die Sahne unterheben.

FERTIGSTELLEN Die Masse auf dem ungeteilten Biskuitboden verstreichen, die geschnittenen Stücke auflegen und leicht andrücken. Im Kühlschrank ca. 2 Std. fest werden lassen, dann komplett aufschneiden und die Schnitten bis zum Verzehr kühl aufbewahren. So sind sie ca. 3 Tage haltbar.

Für ca. 12 Stück • 30 Min. Zubereitung • 35 Min. Backen • 2 Std. Kühlen • Pro Portion ca. 250 kcal, 6 g E, 12 g F, 28 g KH

SÜSSKARTOFFEL-BROWNIES

SUPERSOFT UND EXTRA SAFTIG

TEIG

550 g Süßkartoffeln
130 g Datteln (entsteint)
100 g überreife Banane
2 EL Kokosöl
80 g Haferflocken
100 g gemahlene Mandeln
3 EL Kakaopulver
2 TL Backpulver

TOPPING

100 g Datteln (entsteint)
1 EL Kokosöl
60 g Mandelmus
1 ½ EL Kakao

AUSSERDEM

Auflaufform (ca. 20 × 20 cm)

RÜHRTEIG Die Süßkartoffeln schälen und waschen, davon 450 g abwiegen, würfeln und in wenig kochendem Wasser in ca. 10 Min. weich garen. Nach 5 Min. die Datteln hinzufügen. Am Ende der Garzeit beides in ein Sieb abgießen und abtropfen lassen. Dann zusammen mit der Banane und dem Kokosöl in einen hohen Rührbecher geben und fein pürieren.

Den Backofen auf 175° vorheizen. Die Auflaufform mit Backpapier auslegen. Die Haferflocken im Mixer fein mahlen. dann zusammen mit den Mandeln, dem Kakao und dem Backpulver zum Püree geben und alles zu einem glatten Teig verrühren.

Den Teig in die vorbereitete Form geben und gleichmäßig verstreichen. Im heißen Backofen (Mitte) ca. 35 Min. backen. Anschließend herausnehmen und in der Form abkühlen lassen, dann ca. 2 Std. in den Kühlschrank stellen.

TOPPING Datteln ca. 10 Min. in heißem Wasser einweichen, dann in ein Sieb abgießen und abtropfen lassen. Zusammen mit dem Kokosöl in einen hohen Rührbecher geben und glatt pürieren. Das Mandelmus und das Kakaopulver hinzufügen und alles zu einem glatten Guss verrühren.

FERTIGSTELLEN Den Kuchenboden aus dem Kühlschrank nehmen, behutsam aus der Form lösen und in ca. 4 × 4 cm große Stücke schneiden. Die Brownies mit dem Topping bestreichen und bis zum Verzehr im Kühlschrank aufbewahren.

*Für 9 Stück • 35 Min. Zubereitung • 1 Std. 15 Min. Gehen • 20 Min. Backen •
Pro Portion ca. 380 kcal, 11 g E, 12 g F, 58 g KH*

PISTAZIENPUDDING-HÖRNCHEN

EXTRAVAGANT

PUDDING
1 Pck. Pistazienpuddingpulver (ersatzweise Vanillepuddingpulver)
380 ml Milch
2 EL Reissirup (ersatzweise Dattelsirup)

HEFETEIG
250 g Milch
80 g Kokosblütenzucker
21 g frische Hefe (ersatzweise 7 g Trockenhefe)
500 g Dinkelmehl (Type 630)
80 g zimmerwarme Butter
1 Eigelb (M)
Salz

GLASUR
1 Eiweiß (M)
1 EL Milch

PUDDING Das Puddingpulver mit 80 ml Milch glatt rühren. Übrige Milch und Sirup aufkochen, das angerührte Puddingpulver zugeben und ca. 1 Min. unter Rühren kochen lassen. Dann sofort in eine Vorratsbox umfüllen, diese fest verschließen und den Pudding bei Raumtemperatur abkühlen lassen.

HEFETEIG Milch, Kokosblütenzucker und Hefe in einer Schüssel verrühren, bis sich die Hefe aufgelöst hat. Mehl, Butter, Eigelb und Salz hinzufügen und alles ca. 5 Min. mit den Knethaken des Handrührgeräts glatt verkneten. Den Teig 30 Min. abgedeckt an einem warmen Ort gehen lassen.

TEIGLINGE Anschließend zwei Backbleche mit Backpapier belegen. Den Teig zu einer 20 cm langen Rolle formen und in 9 gleich große Stücke schneiden. Diese auf der bemehlten Arbeitsfläche zunächst jeweils rund formen, dann zu einem ca. 25 × 15 cm großen Oval ausrollen. Vom oberen Rand aus vier senkrechte, ca. 5 cm lange Schnitte anbringen. Auf der unteren Hälfte je 1 ½ EL Pudding verstreichen. Den Teig von unten zu Hörnchen aufrollen. Die Teiglinge mit ausreichend Abstand zueinander auf die vorbereiteten Bleche setzen und abgedeckt ca. 45 Min. an einem warmen Ort gehen lassen.

FERTIGSTELLEN Den Ofen auf 200 °C vorheizen. Eiweiß und Milch in einer Schale verquirlen, die Teiglinge damit bepinseln und im heißen Ofen (Mitte) in ca. 20 Min. goldbraun backen. Auf einem Kuchengitter abkühlen lassen.

Für ca. 15 Stück • 35 Min. Zubereitung • 25 Min. Backen • Pro Portion ca. 165 kcal, 2 g E, 7 g F, 23 g KH

ANANAS-TASCHEN

EXOTISCH

1 Dose Ananasstücke (ungesüßt; 450 g)
150 g Kokosblütenzucker
1 EL Zitronensaft
¼ TL Zimtpulver
1 Rolle Blätterteig (400 g; Fertigprodukt aus dem Kühlregal)
1 Ei (M)

1 Die Ananasstücke mitsamt dem Saft in einen Topf geben. Den Kokosblütenzucker hinzufügen und alles bei mittlerer Hitze zum Kochen bringen. Unter gelegentlichem Rühren ca. 30 Min. köcheln lassen, bis die Flüssigkeit verdampft ist und die Ananasstücke zu Kompott verkocht sind. Gegen Ende der Garzeit den Zitronensaft und das Zimtpulver dazugeben. Das Ananaskompott vom Herd ziehen und abkühlen lassen.

2 Den Ofen auf 150° vorheizen. Ein Backblech mit Backpapier auslegen. Blätterteig aus der Verpackung nehmen, entrollen und in insgesamt 15 ca. 6 × 12 cm große Rechtecke schneiden. Auf eine Hälfte jedes Rechtecks 2 EL Ananaskompott geben. Die andere Hälfte darüber klappen und den Rand mit den Zinken einer Gabel andrücken. Die Teiglinge auf das Blech setzen und die Oberfläche jeweils drei- bis viermal einschneiden.

3 Das Ei in einer kleinen Schale verquirlen, die Teiglinge damit einpinseln und im heißen Ofen in ca. 25 Min. goldbraun backen. Ananas-Taschen lauwarm oder kalt genießen.

Für 12 Stücke • 25 Min. Zubereitung • 45 Min. Backen • Pro Portion ca. 135 kcal, 4 g E, 5 g F, 18 g KH

BANANENBROT

SPITZENKOMBI

1 Apfel
3 überreife Bananen
2 Eier (M)
150 g Mehl
50 g Vollkornmehl
1 Pck. Backpulver
½ TL Zimtpulver
50 g gehackte Walnusskerne

AUSSERDEM

1 Kastenform (ca. 26 cm lang)
Butter für die Form

1 Den Backofen auf 180° vorheizen. Die Form mit Butter fetten. Den Apfel waschen, vierteln und das Kerngehäuse entfernen. Die Apfelviertel fein reiben. Die Bananen schälen, in einen tiefen Teller geben und mit einer Gabel zu feinem Mus zerdrücken.

2 100 g Apfelraspel und 300 g Bananenmus abwiegen. Beides zusammen mit den Eiern in eine Rührschüssel geben und mit den Rührbesen des Handrührgeräts schaumig aufschlagen. Mehl, Vollkornmehl, Backpulver und Zimt dazugeben und alles zügig zu einem glatten Teig verrühren. Die gehackten Walnusskerne unterheben.

3 Den Teig in die Form füllen und im vorgeheizten Ofen (Mitte) ca. 45 Min. backen. Das Bananenbrot in der Form auskühlen lassen.

Für 12 Stück • 35 Min. Zubereitung • 25 Min. Backen • Pro Portion ca. 145 kcal, 4 g E, 6 g F, 18 g KH

APFEL-MUFFINS

FÜR KINDER

3 Äpfel
5 Datteln (entsteint)
160 g Joghurt
50 ml Rapsöl
2 Eier (M)
225 g Dinkelmehl (Type 630)
2 TL Backpulver
½ TL Zimtpulver
¼ TL gemahlene Vanille

AUSSERDEM
12er-Muffinform
12 Muffin-Papierförmchen

1 Die Vertiefungen der Form mit den Papierförmchen auslegen. Den Backofen auf 170° (Umluft) vorheizen. Die Äpfel waschen, die Kerngehäuse entfernen. Einen Apfel schälen und grob in Stücke schneiden, die übrigen Äpfel mitsamt der Schale grob raspeln. Die Apfelstücke zusammen mit den Datteln und 2 EL Wasser in einen Topf geben und in ca. 10 Min. bei kleiner Hitze weich dünsten, dann mit dem Pürierstab fein pürieren und lauwarm abkühlen lassen.

2 Apfel-Dattel-Mus, Joghurt, Öl und Eier in eine Schüssel geben und mit den Rührbesen des Handrührgeräts aufschlagen. Mehl, Backpulver, Zimt und Vanille hinzufügen und alles zu einem glatten Teig verrühren, zuletzt die Apfelraspel unterheben.

3 Den Teig gleichmäßig auf die Papierförmchen verteilen und im vorgeheizten Ofen (Mitte) ca. 25 Min. backen. Die Muffins 10 Min. in der Form und schließlich auf einem Gitter komplett abkühlen lassen.

Für 12 Stück • 35 Min. Zubereitung • 25 Min. Backen • 30 Min. Kühlen • Pro Portion ca. 420 kcal, 7 g E, 25 g F, 41 g KH

ERDBEER-CUPCAKES

FRUCHTIG-FEINE TEILCHEN

TEIG

200 g Erdbeeren
200 g Joghurt
175 g Reissirup (ersatzweise Dattelsirup)
125 g zimmerwarme Butter
2 Eier (M)
Salz
300 g Dinkelmehl (Type 630)
3 TL Backpulver

FROSTING

1 TL Zitronensaft
150 g zimmerwarme Butter
120 g Kokosblütenzucker
150 g zimmerwarmer Frischkäse (Doppelrahmstufe)

AUSSERDEM

12er-Muffinform
12 Muffin-Papierförmchen
Spritzbeutel mit Sterntülle (14 mm ∅)

MUFFINS Die Vertiefungen der Muffinform mit den Papierförmchen auslegen. Den Ofen auf 180° (Umluft) vorheizen. Die Erdbeeren waschen und von den Stielansätzen befreien. Sechs schöne Erdbeeren halbieren oder vierteln und für die Garnierung beiseitelegen, die restlichen Erdbeeren vierteln.

Joghurt, Reissirup, zimmerwarme Butter, Eier und 1 Prise Salz in einer Schüssel mit den Rührbesen des Handrührgerätes cremig aufschlagen. Mehl und Backpulver mischen und unterrühren, dann die Hälfte der Erdbeerviertel unterheben.

Den Teig gleichmäßig auf die Papierförmchen verteilen und im vorgeheizten Ofen (Mitte) in 20–25 Min. goldbraun backen. Dann herausnehmen und die Muffins zunächst 10 Min. in der Form, dann auf einem Gitter vollständig abkühlen lassen.

FROSTING Die übrigen Erdbeerviertel und den Zitronensaft fein pürieren. Butter und Kokosblütenzucker in einer Schüssel cremig aufschlagen. Den Frischkäse und das Erdbeerpüree im Wechsel unterrühren. Die Masse ca. 30 Min. kühl stellen.

FERTIGSTELLEN Das Frosting in den Spritzbeutel abfüllen und in Tuffs auf die Muffins spritzen. Die Cupcakes mit den beiseitegestellten Erdbeeren garnieren und servieren.

Für 8 Stück • 25 Min. Zubereitung • 35 Min. Backen • Pro Portion ca. 225 kcal, 7 g E, 15 g F, 16 g KH

HIMBEERKUCHEN MIT MANDELN

SUPEREINFACH

150 g Joghurt
50 g zimmerwarme Butter
35 g Kokosblütenzucker
Salz
2 Eier (M)
100 g Dinkelmehl (Type 630)
80 g gemahlene Mandeln
½ Pck. Backpulver
200 g TK-Himbeeren

AUSSERDEM

Springform (ca. 24 cm ∅)
Butter für die Form

1 Den Backofen auf 175° vorheizen. Den Boden der Springform mit Backpapier auslegen, den Rand mit Butter einfetten.

2 Joghurt, zimmerwarme Butter, Kokosblütenzucker, 1 Prise Salz und die Eier in eine Schüssel geben und mit den Rührbesen des Handrührgeräts verrühren. Mehl, Mandeln und Backpulver hinzufügen und sämtliche Zutaten zügig zu einem glatten Teig verarbeiten.

3 Den Teig in die vorbereitete Form füllen und glatt verstreichen. Die TK-Himbeeren gleichmäßig darauf verteilen. Im vorgeheizten Backofen (Mitte) ca. 35 Min. backen. Anschließend den Backofen ausschalten und die Türe öffnen, den Kuchen aber erst nach 10 Min. herausnehmen und in der Form vollständig auskühlen lassen.

Für 12 Stück • 35 Min. Zubereitung • 1 Std. Backen • Pro Portion ca. 295 kcal, 5 g E, 15 g F, 34 g KH

ZITRONENKUCHEN

ERFRISCHEND

2 Bio-Zitronen
220 g Datteln (entsteint)
140 g Rapsöl
3 Eier (M)
300 g Dinkelmehl (Type 630)
2 TL Backpulver
Salz

AUSSERDEM

Kastenform (ca. 26 cm)
Butter für die Form
50 g Kokosblütenzucker

1 Den Backofen auf 180° vorheizen. Die Form mit Butter einfetten. Die Zitronen heiß waschen und abtrocknen. Die Schale jeweils fein abreiben, den Saft auspressen, davon 60 ml abmessen.

2 Die Datteln und das Öl in den Mixbehälter geben und im Mixer fein pürieren. Die Eier einzeln hinzufügen, dann den abgemessenen Zitronensaft untermixen. Den Mixer weiterlaufen lassen. Mehl, Backpulver, Zitronenabrieb und 1 Prise Salz in einer Schüssel vermischen. Die Dattel-Eier-Masse dazugeben und sämtliche Zutaten mit den Rührbesen des Handrührgeräts zu einem glatten Teig verrühren.

3 Den Teig in die Form füllen und im vorgeheizten Ofen (Mitte) 55–60 Min. backen. Inzwischen den restlichen Zitronensaft leicht erwärmen und den Kokosblütenzucker unter Rühren darin auflösen. Am Ende der Backzeit den Kuchen aus dem Ofen nehmen und sofort mit dem Zitronensirup tränken. In der Form abkühlen lassen.

EIS & DESSERTS

Für 6 Stück • 25 Min. Zubereitung • 5 Std. Tiefkühlen • Pro Portion ca. 285 kcal, 4 g E, 23 g F, 12 g KH

VANILLEEIS AM STIEL

MIT SCHOKOÜBERZUG

200 g Sahne
50 g Crème légère
3 EL Reissirup (ersatzweise Dattelsirup)
½ TL gemahlene Vanille
150 g Bitterschokolade (100 % Kakaogehalt; ersatzweise Schokolade mit Kokosblütenzucker)
Kokosöl

AUSSERDEM

6 Stieleisformen à ca. 50 ml Inhalt (nach Belieben andere Förmchen und Stiele)

1 Die Sahne in einen hohen Rührbecher geben und mit den Rührbesen des Handrührgeräts cremig aufschlagen. Crème légère, Reissirup und Vanille in einer Schale glatt verrühren, dann mit einem Schneebesen unter die aufgeschlagene Sahne heben. Die Eismasse in die Formen verteilen, diese mit Eisstielen versehen und mindestens 5 Std. in das Tiefkühlfach stellen.

2 Danach die Schokolade grob hacken und zusammen mit etwas Kokosöl in einer hitzefesten Schüssel über dem heißen Wasserbad schmelzen. Inzwischen in die Erhöhungen eines umgedrehten Eierkartons ca. 1 cm lange Schlitze schneiden.

3 Geschmolzene Schokolade in ein schmales, hohes Gefäß geben. Das Eis einzeln aus den Formen nehmen und in die Schokolade tauchen. Dann mit dem Eisstiel in die Schlitze des Eierkartons stecken und den Schokoüberzug fest werden lassen. Das Eis sofort genießen oder wieder tiefkühlen.

Für 4 Personen • 35 Min. Zubereitung • 4 Std. Tiefkühlen • Pro Portion ca. 210 kcal, 5 g E, 12 g F, 21 g KH

FROZEN-BLUEBERRY-JOGHURT

EIS IN LIGHT-VERSION

200 g Heidelbeeren
500 g griechischer Joghurt
60 g Reissirup (ersatzweise Dattelsirup)
1 EL Zitronensaft

1 Heidelbeeren verlesen, kurz abbrausen und abtropfen lassen. Die Hälfte davon in einer flachen Schale mit einer Gabel zu Mus zerdrücken, die übrigen Heidelbeeren für die Garnierung beiseitestellen.

2 Das Mus mit Joghurt, Sirup und Zitronensaft in einer Schüssel glatt verrühren. Die Masse in eine Schale füllen und insgesamt 4 Std. tiefkühlen, dabei nach 1 Std. und dann nach jeweils 30 Min. immer wieder kräftig durchrühren, damit sich das Fruchtmus nicht absetzt.

3 Zum Servieren den Frozen Joghurt auf Dessertschalen verteilen und mit den restlichen Heidelbeeren garniert genießen.

Für 4 Personen • 25 Min. Zubereitung • 3 Std. Tiefkühlen • Pro Portion ca. 115 kcal, 1 g E, 0 g F, 24 g KH

HIMBEER-LIMETTEN-GRANITÉ

SIMPLY THE BEST

400 g Himbeeren (ersatzweise TK-Himbeeren)
½ Zitrone
5 EL Reissirup (ersatzweise Dattelsirup)
¼ TL gemahlene Vanille

1 Frische Himbeeren verlesen, bei Bedarf kurz abbrausen und mit Küchenpapier behutsam trocken tupfen. TK-Himbeeren auftauen lassen. Den Saft der Zitronenhälfte auspressen.

2 Himbeeren, Reissirup, Zitronensaft und die gemahlene Vanille in einen hohen Rührbecher geben und mit dem Pürierstab fein pürieren. Das Püree durch ein Sieb streichen, um die Kerne zu entfernen.

3 Das Fruchtpüree in eine flache Form füllen und insgesamt 3 Std. tiefkühlen, dabei einmal pro Stunde mit einer Gabel sehr gut durchrühren. Dadurch entsteht die typische kristalline Sorbet-Konsistenz. Zum Servieren die gefrorene Masse mit einer Gabel abkratzen und als sogenannte Granité in Dessertschalen anrichten.

Für 4 Personen • 25 Min. Zubereitung • 2 × 15 Min. Einweichen • 2 Std. Kühlen • Pro Portion ca. 275 kcal, 10 g E, 10 g F, 34 g KH

VANILLEPUDDING MIT SCHOKOSAUCE

SEELENSCHMEICHLER

PUDDING

70 g Datteln (entsteint)
500 ml Milch
25 g Speisestärke
1 Ei
½ TL gemahlene Vanille

SCHOKOSAUCE

40 g Datteln (entsteint)
200 g Milch
35 g Kakaopulver
5 g Speisestärke
Salz

PUDDING Die Datteln mit 200 ml Milch in den Mixbehälter geben und 15 Min. einweichen, anschließend im Mixer fein pürieren. Übrige Milch, Speisestärke, Ei und Vanille untermixen.

Die Flüssigkeit in einem Topf bei mittlerer Hitze zum Kochen bringen, dabei immer wieder umrühren. Pudding unter kräftigem Rühren ca. 1 Min. kochen lassen, dann in Schalen abfüllen und sofort mit Frischhaltefolie abdecken, damit sich keine Haut bildet. Den Pudding auf Raumtemperatur abkühlen lassen, dann in den Kühlschrank stellen und mindestens 2 Std. kühlen.

SCHOKOSAUCE Die Datteln mit der Milch in den Mixbehälter geben und ca. 15 Min. einweichen lassen, anschließend fein pürieren. Kakao, Stärke und Salz hinzufügen und untermixen.

Die Schokosauce in einen Topf umfüllen, bei mittlerer Hitze zum Kochen bringen und ca. 1 Min. unter ständigem Rühren kochen lassen. Dann in ein Gefäß mit Ausgießer umfüllen, mit Frischhaltefolie abdecken und auf Raumtemperatur abkühlen lassen. Den Vanillepudding mit der Sauce servieren.

Für 4 Personen • 35 Min. Zubereitung • 30 Min. Backen • Pro Portion ca. 280 kcal, 7 g E, 17 g F, 22 g KH

CRÈME BRÛLÉE

HEISS BEGEHRT

2 Vanilleschoten
200 g Sahne
200 ml Milch
5 Eigelb (M)
40 g Reissirup (ersatzweise Dattelsirup)
8 TL Kokosblütenzucker

AUSSERDEM
4 flache, ofenfeste Portionsförmchen à 150 ml Inhalt (ca. 12 cm ∅)
Flambierbrenner

1 Den Backofen auf 140° vorheizen. Die Vanilleschoten längs aufschneiden, das Mark mit dem Messerrücken herausschaben. Sahne, Milch, Vanilleschoten und -mark in einen Topf geben und bei mittlerer Hitze aufkochen lassen. Ab und an umrühren.

2 Währenddessen die Eigelbe und den Sirup in einer Schale mit dem Schneebesen glatt verrühren. Die Vanillesahne durch ein Sieb langsam in die Eigelbmasse einrühren, dabei nicht schlagen, damit sich keine unerwünschten Luftbläschen bilden.

3 Die Dessertförmchen auf die Fettpfanne des Backofens geben und mit der Creme befüllen. Das Blech in den heißen Ofen (Mitte) schieben und heißes Wasser angießen, bis die Förmchen etwa zur Hälfte im Wasser stehen. Creme 25–30 Min. garen, bis sie eine puddingartige Konsistenz hat.

4 Das Blech aus dem Ofen nehmen, die Förmchen aus dem Wasser heben und die Creme vollständig auskühlen lassen. Vor dem Servieren den Zucker gleichmäßig, aber nicht zu dick auf die Oberfläche der Creme streuen und mithilfe des Flambierbrenners hellbraun karamellisieren. Kurz stehen lassen, bis die Zuckerschicht kross wird. Am besten sofort genießen.

Für 4 Personen • 35 Min. Zubereitung • 4 Std. Kühlen • Pro Portion ca. 510 kcal, 14 g E, 41 g F, 18 g KH

MOUSSE AU CHOCOLAT

KLASSIKER AUS FRANKREICH

150 g Bitterschokolade (100 % Kakaogehalt; ersatzweise Schokolade mit Kokosblütenzucker)
375 g Sahne
4 Eier (M)
40 g Kokosblütenzucker

1 Die Schokolade grob hacken und in einer hitzefesten Schüssel über einem heißen Wasserbad schmelzen. Die Eier trennen. Die Eiweiße in einen hohen Rührbecher geben und mit den Rührbesen des Handrührgeräts zu steifem Eischnee schlagen, dabei nach und nach 20 g Kokosblütenzucker einrieseln lassen.

2 Die Sahne steif schlagen. Zuletzt die Eigelbe mit dem restlichen Kokosblütenzucker hellcremig aufschlagen. Geschmolzene Schokolade glatt rühren, in die Eiercreme einfließen lassen und unterrühren.

3 Nun zunächst den Eischnee, dann die geschlagene Sahne in jeweils zwei Portionen zur Schokomasse geben und behutsam unterheben. Die Schoko-Mousse in vier Gläser oder Dessertschälchen abfüllen und abgedeckt mindestens 4 Std. in den Kühlschrank stellen.

Für 4 Personen • 20 Min. Zubereitung • 25 Min. Backen • Pro Portion ca. 530 kcal, 6 g E, 33 g F, 52 g KH

KOKOS-ERDBEER-CRUMBLE

UNKOMPLIZIERT

500 g Erdbeeren
120 g Dinkelmehl (Type 630)
100 g Kokosblütenzucker
50 g Kokosraspel
¼ TL gemahlene Vanille
100 g kalte Butter

AUSSERDEM
Auflaufform (ca. 30 × 25 cm)
Butter zum Fetten

1 Den Backofen auf 180° vorheizen. Die Auflaufform mit Butter ausreiben. Die Erdbeeren waschen, von den Stielansätzen befreien, vierteln und gleichmäßig in der vorbereiteten Form verteilen.

2 Mehl, Kokosblütenzucker, Kokosraspel und gemahlene Vanille in einer Schüssel vermischen. Die Butter in kleinen Stücken dazugeben und alles zwischen den Fingern rasch zu Streuseln zerreiben.

3 Die Streusel gleichmäßig auf den Erdbeeren verteilen und im heißen Backofen (Mitte) in ca. 25 Min. goldbraun backen. Dann den Crumble herausnehmen, etwas abkühlen lassen und warm servieren.

Für 8 Portionen • 35 Min. Zubereitung • 12 Min. Backen • 4 Std. Kühlen • Pro Portion ca. 315 kcal, 10 g E, 18 g F, 29 g KH

ERDBEER-TIRAMISU

FRUCHTIGER DESSERTTRAUM

BISKUIT
3 Eier (M)
70 g Kokosblütenzucker
100 g Dinkelmehl (Type 630)

FÜLLUNG
300 g Erdbeeren
3 EL Reissirup (ersatzweise Dattelsirup)
250 g Mascarpone
250 g Magerquark
1 EL Zitronensaft
¼ TL gemahlene Vanille
6 EL Orangensaft

AUSSERDEM
Auflaufform (ca. 15 × 20 cm)

BISKUIT Den Backofen auf 160° (Umluft) vorheizen. Ein Backblech mit Backpapier auslegen. Die Eier in eine Rührschüssel aufschlagen. Den Kokosblütenzucker hinzufügen und beides mit den Rührbesen des Handrührgeräts in ca. 5 Min. hellcremig aufschlagen. Das Mehl über die Eiermasse sieben und behutsam mit einem Teigschaber unterheben.

Den Teig auf das Backblech gießen, gleichmäßig bis zum Rand verstreichen und im heißen Ofen (Mitte) in ca. 12 Min. goldbraun backen. Herausnehmen, mittels Backpapier vom Blech ziehen und auf einem Gitter abkühlen lassen.

FÜLLUNG Erdbeeren waschen und von den Stielansätzen befreien. 200 g Erdbeeren vierteln, die übrigen mit 1 EL Reissirup fein pürieren und das Püree kühl stellen. Mascarpone, Quark, restlichen Reissirup, Zitronensaft und Vanille in einer Schüssel verrühren, die Erdbeerviertel unterheben.

FERTIGSTELLEN Den Biskuit halbieren. Eine Hälfte in die Form legen, mit 3 EL Orangensaft beträufeln und mit jeweils der Hälfte Mascarponecreme und Erdbeerpüree bestreichen. Die zweite Hälfte Biskuit auflegen und gut andrücken. Mit dem restlichen Orangensaft tränken, dann die übrige Mascarponecreme darauf verstreichen und mit dem Erdbeerpüree abschließen. Das Tiramisu abdecken und vor dem Servieren mindestens 4 Std. im Kühlschrank durchziehen lassen.

Für 4 Personen • 25 Min. Zubereitung • 15 Min. Ziehen • 4 Std. Kühlen • 15 Min. Einweichen • Pro Portion ca. 335 kcal, 6 g E, 15 g F, 42 g KH

PANNACOTTA

KLASSIKER AUS ITALIEN

PANNACOTTA

1 Vanilleschote
400 g Sahne
100 g Reissirup (ersatzweise Dattelsirup)
4 Blatt Gelatine

ERDBEERSAUCE

80 g Datteln (entsteint)
300 g Erdbeeren
1 TL Zitronensaft

AUSSERDEM

4 Dessertförmchen à ca. 125 ml Inhalt

PANNACOTTA Die Vanilleschote längs aufschneiden und das Mark mit dem Messerrücken herausschaben. Vanillemark und -schote mit Sahne und Reissirup in einen Topf geben und bei mittlerer Hitze aufkochen. Anschließend den Topf vom Herd ziehen und die Vanillesahne ca. 15 Min. ziehen lassen.

In der Zwischenzeit die Gelatine ca. 10 Min. in kaltem Wasser einweichen, dann gut ausdrücken, zur Vanillesahne geben und unterrühren, bis sie sich komplett aufgelöst hat. Die Creme durch ein Sieb passieren, in die Förmchen abfüllen und abgedeckt mindestens 4 Std. in den Kühlschrank stellen.

ERDBEERSAUCE Die Datteln ca. 15 Min. in heißem Wasser einweichen. Erdbeeren waschen und von den Stielansätzen befreien. Die Datteln durch ein Sieb abgießen, dann mit den Erdbeeren und dem Zitronensaft im Mixer fein pürieren.

FERTIGSTELLEN Zum Servieren die Förmchen kurz in heißes Wasser tauchen. Pannacotta vorsichtig auf Dessertteller stürzen, mit Erdbeersauce garnieren und genießen.

REGISTER

Vegane Rezepte, die im Buch mit einem 🌢 gekennzeichnet sind, sind grün abgesetzt.

M/N

P/Q

R/S

V/W

Z

Abkürzungsverzeichnis:
E = Eiweiß
EL = Esslöffel (gestrichen)
F = Fett
kcal = Kilokalorien
KH = Kohlenhydrate
Msp. = Messerspitze
Pck. = Päckchen
TK = Tiefkühl
TL = Teelöffel (gestrichen)
Ø = Durchmesser

QUALITÄTS G|U GARANTIE

LIEBE LESERINNEN UND LESER,

wir wollen Ihnen mit diesem Buch Informationen und Anregungen geben, um Ihnen das Leben zu erleichtern oder Sie zu inspirieren, Neues auszuprobieren. Wir achten bei der Erstellung unserer Bücher auf Aktualität und stellen höchste Ansprüche an Inhalt und Gestaltung. Alle Anleitungen und Rezepte werden von unseren Autoren, jeweils Experten auf ihren Gebieten, gewissenhaft erstellt und von unseren Redakteur*innen mit größter Sorgfalt ausgewählt und geprüft.

Haben wir Ihre Erwartungen erfüllt? Sind Sie mit diesem Buch und seinen Inhalten zufrieden? Wir freuen uns auf Ihre Rückmeldung. Und wir freuen uns, wenn Sie diesen Titel weiterempfehlen, in Ihrem Freundeskreis oder bei Ihrem Online-Kauf.

Sollten wir Ihre Erwartungen so gar nicht erfüllt haben, tauschen wir Ihnen Ihr Buch jederzeit gegen ein gleichwertiges zum gleichen oder ähnlichen Thema um.

KONTAKT ZUM LESERSERVICE

GRÄFE UND UNZER VERLAG
Grillparzerstraße 8
81675 München
www.gu.de

IMPRESSUM

G|U

GU ist eine eingetragene Marke der GRÄFE UND UNZER VERLAG GmbH, www.gu.de

ISBN 978-3-8338-8339-2
3. Auflage 2025

Projektleitung: Linh Nguyen
Lektorat: Dr. Stefanie Gronau
Korrektorat: Waltraud Schmidt
Gesamtgestaltung: independent Medien-Design, München
Umschlaggestaltung: ki36 Editorial Design, Sabine Krohberger, München
Herstellung: Linda Wiederrecht
Satz: Eberl & Koesel Studio GmbH
Reproduktion: medienprinzen GmbH
Druck + Bindung: Firmengruppe APPL, aprinta druck, Wemding
Printed in Germany

DER AUTOR

Nico Stanitzok ist diätetisch geschulter Koch, Kochbuchautor und Blogger. Er liebt unkomplizierte Rezepte, besonders, wenn sie obendrein noch gesund und lecker sind. Mehr von ihm unter www.nicostanitzok.de.

DIE FOTOGRAFIN

Katrin Winner fand ihre berufliche Erfüllung, indem sie ihre Leidenschaft für gutes Essen mit ihrer künstlerischen Kreativität verband. Seit 2018 betreibt sie ihr eigenes Atelier für Food-Fotografie in München. An diesem Buch wird sie tatkräftig von Gerlinde Hans (Foodstyling) unterstützt.
www.katrinwinner.de

Bildnachweis:
Katrin Winner: S. 06-59 und Stepfotos auf den Klappen
Coco Lang: S. 01, 05 und Stillleben auf den Klappen
Jan Brettschneider: Cover
Nico Stanitzok: S. 04 Autorenfoto

Umwelthinweis:
Nachhaltigkeit ist uns sehr wichtig. Der Rohstoff Papier ist in der Buchproduktion hierfür von entscheidender Bedeutung. Daher ist dieses Buch auf PEFC-zertifiziertem Papier gedruckt. PEFC garantiert, dass ökologische, soziale und ökonomische Aspekte in der Verarbeitungskette unabhängig überwacht werden und lückenlos nachvollziehbar sind.

Syndication: www.imageprofessionals.com

Die GU-Homepage finden Sie unter www.gu.de

DIE »GU KOCHEN PLUS«-APP

1 APP HERUNTERLADEN

Laden Sie die kostenlose »GU Kochen Plus«-App im Apple App Store oder im Google Play Store auf Ihr Smartphone. Starten Sie die App und wählen Sie Ihren Küchenratgeber aus.

2 REZEPTBILD SCANNEN

Scannen Sie das gewünschte Rezeptbild mit der Kamera Ihres Smartphones. Klicken Sie im Display die Funktion Ihrer Wahl.

3 FUNKTIONEN NUTZEN

Sammeln Sie Ihre Lieblingsrezepte. Speichern und verschicken Sie Ihre Einkaufslisten. Oder nutzen Sie den praktischen Supermarkt-Finder und den Rezept-Planer.